全国技工院校汽车维修专业（中级技能层级）

汽车发动机构造与维修（第二版）
习题册

闫赟◎主编

中国劳动社会保障出版社

简介

本习题册是全国技工院校汽车维修专业模块化教材（中级技能层级）《汽车发动机构造与维修（第二版）》的配套用书。内容紧扣教材的教学要求，注重基础知识的巩固和基本能力的培养，知识点分布均衡，题型丰富，难易适当，有助于学生复习巩固所学知识。

本习题册由闫赟任主编，王淑丽、刘奕江、焉薇参与编写。

图书在版编目（CIP）数据

汽车发动机构造与维修（第二版）习题册 / 闫赟主编．-- 北京：中国劳动社会保障出版社，2024.

（全国技工院校汽车维修专业）．-- ISBN 978-7-5167-6479-4

Ⅰ. U472.43-44

中国国家版本馆 CIP 数据核字第 2024VJ3758 号

中国劳动社会保障出版社出版发行

（北京市惠新东街 1 号　邮政编码：100029）

*

北京昌联印刷有限公司印刷装订　　新华书店经销

787 毫米 ×1092 毫米　16 开本　3 印张　59 千字

2024 年 7 月第 1 版　　2026 年 1 月第 3 次印刷

定价：6.00 元

营销中心电话：400-606-6496

出版社网址：http://www.class.com.cn

http://jg.class.com.cn

目　录

模块一　发动机总体构造与工作原理

课题1　发动机的总体构造

一、填空题

1．从总体结构上看，汽油发动机一般由____大机构和____大系组成。

2．发动机的能量转换是通过__________________实现的。

3．曲柄连杆机构由_________、_______________、_______________三部分组成。

二、选择题

1．配气机构由（　　）和气门传动组组成。

A．排气门　　B．气门组　　C．进气门

2．柴油机燃料供给系是把柴油和（　　）分别供入气缸，在燃烧室内形成混合气并燃烧，最后将燃烧后的废气排出。

A．空气　　B．汽油　　C．发动机润滑油

3．汽油机燃料供给系是根据（　　）的要求，配制出一定体积和浓度的混合气，供入气缸，并将燃烧后的废气从气缸内排到大气中去。

A．机体组　　B．润滑系　　C．发动机

三、判断题

1．点火系是汽油发动机独有的，其作用是按规定时刻向气缸内提供电火花以点燃气缸中的可燃混合气。（　　）

2．汽油发动机部分采用电子控制燃油喷射系统。（　　）

3．柴油发动机是将燃油喷入气缸后自行着火燃烧，因此没有点火系。（　　）

四、简答题

1．冷却系的作用是什么？

2．润滑系的作用是什么？

3．起动系的作用是什么？

课题2 发动机的工作原理

一、填空题

1．活塞在气缸中做往复直线运动时，活塞顶部距离曲轴旋转中心最远的极限位置称为________。

2．活塞在气缸中做往复直线运动时，活塞顶部距离曲轴旋转中心最近的极限位置称为________。

3．曲轴旋转中心到曲柄销中心的距离称为__________，一般用 R 表示。

4．活塞从一个止点运动到另一个止点所扫过的容积，称为______________，一般用 V_h 表示。

5．活塞位于上止点时，其______与________之间的容积，称为燃烧室容积。

6．气缸完成______、______、______和______四个过程称为一个工作循环。

7．多缸发动机各气缸工作容积的总和，称为____________，一般用______表示。

8．发动机的______旋转两周，进、排气门各开闭一次。

9．气缸总容积是__________容积和__________容积之和。

10．进气行程中，活塞从上止点向下止点运动，排气门______，进气门______。

二、选择题

1．四行程汽油发动机进气行程开始，活塞（　　），气缸内容积（　　），压力（　　）。

A．下移　增大　减小

B．上移　减小　增大

C．不变　不变　不变

2．四行程汽油发动机压缩行程中，活塞从下止点向上止点运动，这时进气门和排气门都（　　）。

A．打开　　B．关闭　　C．半开

3．当活塞（　　）上止点时，压缩行程结束。

A．到达　　B．越过　　C．接近

4．下列内燃机名称按所使用的主要燃料命名的是（　　）。

A．四行程发动机　　B．转子发动机　　C．汽油发动机

5．内燃机型号由阿拉伯数字、汉语拼音字母或国际通用的英文缩略字母组成，分为（　　）部分。

A．三　　B．四　　C．五

三、判断题

1．缸径符号一般用缸径或缸径 / 行程数字表示，也可用发动机排量或功率数表示，其单位由制造商自定。（　　）

2．气缸由气缸体与活塞构成，是使活塞在压力差的驱动下在气缸体内进行直线往复运动的装置。（　　）

3．活塞从一个止点到另一个止点移动的距离，即上、下止点之间的距离称为活塞行程，一般用 S 表示。一个活塞行程曲轴旋转 360°。（　　）

4．排气行程中，进、排气门均开启。（　　）

5．发动机结构特征符号中，F 表示风冷。（　　）

四、简答题

1．什么是发动机压缩比？

2．简述四行程汽油机做功行程的工作原理。

3．简述四行程柴油机的工作原理。

4．汽油发动机型号 492Q/P-A 表示什么含义？

模块二　曲柄连杆机构

课题1　机体组的结构与检修

一、填空题

1．机体组主要由____________、__________、__________、__________和__________等零部件组成。

2．气缸盖上开有__________________和__________________。

3．气缸盖分为__________________、__________________、__________________三种。

4．__________和______________________的气缸盖上加工有喷油器孔。

5．按形状不同，汽油机的燃烧室分为____________、_______、_______、____________、_______。

6．气缸垫有正反面之分，正面比较_______，反面比较_______。

7．水冷发动机的_________和_____________常铸成一体，称为_______________________，也可称为_________。

8．按气缸排列形式不同，气缸体分为__________、_______、__________三种。

9．湿式气缸套外壁直接与__________接触。

10．综合判断气缸体是否存在裂纹常用__________________________________，其由__________、__________和_________组成。

二、选择题

1．下列材料不是气缸盖所采用的是（　　）。

A．灰铸铁　　B．塑料　　C．合金铸铁

2．在气缸盖罩和气缸盖上都有设置的孔是（　　）。

A．火花塞安装孔　　B．气门导管孔　　C．喷油器孔

3．能比半球型燃烧室更好地驱动活塞的是（　　）。

A．盆形燃烧室　　B．篷形燃烧室　　C．楔形燃烧室

4．与气缸垫接触的零部件是（　　）。

A．气缸盖罩和气缸盖　　B．气缸体和油底壳　　C．气缸盖和气缸体

5．油底壳底部装有（　　）。

A．固定螺栓　　B．火花塞　　C．放油螺塞

6. 测量气缸体翘曲变形时，用不到的量具是（　　）。

A. 刀口形直尺　　B. 千分尺　　C. 塞尺

7. 正常工作的发动机气缸磨损最大的位置在（　　）。

A. 上止点　　B. 中部　　C. 下止点

8. 气缸盖翘曲变形的原因可能是（　　）。

A. 发动机转速过高

B. 拆卸或紧固气缸盖螺栓的顺序不当

C. 发动机温度不达标

9. 气缸磨损测量的主要内容是测量气缸的（　　）。

A. 圆度和圆柱度　　B. 同轴度和平面度　　C. 平面度和表面粗糙度

10. 无气缸套式气缸体的缺点是（　　）。

A. 不能承受较大载荷　　B. 强度和刚度较差　　C. 磨损之后修复较为困难

三、判断题

1. V 形气缸体的气缸排成两列，左右两列气缸中心线的夹角小于 180°。（　　）

2. 隧道式气缸体的优点是结构紧凑、刚度和强度好。（　　）

3. 拧紧气缸盖螺栓时，必须按从中央对称地向四周扩展的顺序一次拧紧到规定的力矩。（　　）

4. 机体组是发动机的支架，是曲柄连杆机构、配气机构和发动机各系统主要零部件的装配基体。（　　）

5. 气缸盖罩工作温度较高，不能采用塑料制造。（　　）

6. 水冷发动机的气缸周围和气缸盖中都加工有冷却水套，并且气缸体和气缸盖的冷却水套相通。（　　）

7. 半球形燃烧室结构比较紧凑，气门相对气缸轴线倾斜，进气道比较平直，进气阻力小。（　　）

8. 一般式气缸体的特点是油底壳安装平面和曲轴旋转中心不在同一高度。（　　）

9. 一般六缸以下发动机多采用直列式。（　　）

10. 发动机一般通过气缸体和飞轮壳或变速器壳支撑在车架上。（　　）

四、简答题

1. 简述气缸垫的作用和材料。

2．简述气缸体的作用。

3．气缸沿圆周方向磨损的特点是什么？

4．简述气缸磨损的具体测量方法。

课题❷ 活塞连杆组的结构与检修

一、填空题

1．活塞连杆组的作用是将活塞的往复运动转变为曲轴的______运动。

2．活塞连杆组由______、______、______、______和______等组成。

3．活塞可分为______、______和______三部分。

4．活塞裙部是指从______起至______的部分，它包括安装活塞销的______。

5．活塞环是具有______，有______和______之分。

6．______的磨损是活塞的最大磨损部位，其中______的磨损最严重。

7．全浮式活塞销的主要磨损部位是其与______和______的连接配合处。

8．连杆裂纹一般采用＿＿＿＿＿＿的方法进行检查。

9．普通油环又称为＿＿＿＿＿＿＿。

10．活塞销与活塞销座孔、连杆小头衬套孔的连接配合有两种方式，一种是＿＿＿＿安装，另一种是＿＿＿＿安装。

二、选择题

1．活塞的工作条件不包括（　　）。

A．润滑优良　　B．高速　　C．高温

2．（　　）不是活塞的性能要求。

A．强度高　　B．质量大　　C．耐高温

3．按顶部形状，活塞可分为（　　）种。

A．1　　B．2　　C．3

4．活塞头部除了用来安装活塞环外，还有密封和传热作用，其与活塞环一起密封气缸，防止可燃混合气漏到曲轴箱内，同时还将（　　）的热量通过活塞环传给气缸壁。

A．40%～60%　　B．60%～80%　　C．70%～80%

5．有些普通油环在其外侧上边制有倒角，使环在随活塞上行时形成（　　）。

A．油路　　B．油楔　　C．油膜

6．气环密封效果一般与其（　　）有关。

A．体积　　B．数量　　C．质量

7．（　　）不是常见的气环断面形状。

A．矩形环　　B．扭曲环　　C．圆形环

8．丰田 1ZR-FE 发动机第一道气环环槽间隙极限为（　　）mm。

A．0.06　　B．0.07　　C．0.08

三、判断题

1．活塞的作用是承受气体压力，并通过活塞销传给连杆，以驱动曲轴旋转，活塞顶部还是燃烧室的组成部分。（　　）

2．汽车发动机广泛采用的活塞材料是铸铁。（　　）

3．凸顶活塞的顶部凸起呈球形，其顶部强度高，起导向作用，有利于改善换气过程，二行程汽油机常采用凸顶活塞。（　　）

4．活塞裙部承受侧压力的两个侧面称为推力面，它们处于与活塞销轴线相垂直的方向上。（　　）

5．气环开有切口，具有弹性，在自由状态下其外径等于气缸直径。（　　）

6．活塞销的作用是连接活塞和连杆大头，并把活塞承受的气体压力传给连杆。（　　）

7．活塞销外表面经渗碳淬火处理以提高硬度，精加工后进行磨光，具有较高的尺寸精度和表面光洁度。（ ）

8．连杆轴瓦上制有定位凸键，用于安装时嵌入连杆大头和连杆盖的定位槽中。（ ）

9．当活塞裙部与气缸壁之间的间隙过大时，发动机易出现敲缸现象，并伴随有严重的润滑油窜流现象。（ ）

10．活塞环的侧隙是指其置于气缸内时在开口处所形成的间隙。（ ）

四、简答题

1．简述梯形活塞环的特点。

2．简述活塞销孔的磨损现象。

3．简述连杆螺栓损坏的检修方法。

4．简述活塞和连杆的组装方法。

课题3 曲轴飞轮组的结构与检修

一、填空题

1. 曲轴飞轮组主要由______、__________、__________、__________、__________、__________等组成。

2. 曲轴要具有足够的______和______，具有良好的承受____________的能力，且具有良好的________和____________。

3. 曲轴的支撑方式有______________和______________。

4. 曲轴的形状和曲拐的布置取决于__________、______________和________________________。

5. 曲轴的轴向定位一般采用________或____________。

6. ______的主要作用是储存做功行程的能量。

7. 测量曲轴主轴承径向间隙时一般使用________。

8. 曲轴一般由________或______________模锻而成。

二、选择题

1. 直列式发动机的连杆轴颈数目（　　）气缸数目。

A．大于　　B．等于　　C．小于

2. 曲轴主轴承的基本结构与（　　）相同。

A．凸轮轴轴承　　B．输入轴轴承　　C．连杆轴承

3. 飞轮齿圈的磨损和轮齿折断易出现在（　　）对应段的齿圈上。

A．压缩行程终点后　　B．压缩行程终点前　　C．做功行程终点后

4. 汽车发动机的曲轴上分布的主轴承和连杆轴承多为（　　）。

A．薄壁滑动轴承　　B．滚动轴承　　C．以上两种都有

5. 曲轴轴颈的磨损通常用（　　）来测量。

A．内径千分尺　　B．外径千分尺　　C．百分表

6. 四行程发动机完成一个工作循环曲轴转（　　）圈。

A．一　　B．半　　C．两

7. 曲轴后端用来安装（　　）。

A．飞轮　　B．正时齿轮　　C．水泵

8. 全支撑曲轴的主轴颈数比气缸数目（　　）。

A．多一个　　B．少一个　　C．相等

三、判断题

1. 曲轴承受气体压力、惯性力及惯性力矩的作用，同时还受到交变载荷的冲击作用。 (　　)

2. V形发动机曲轴的曲拐数等于气缸数。 (　　)

3. 非全支撑曲轴的主轴承载荷较小。 (　　)

4. 为了防止润滑油沿曲轴轴颈外漏，在曲轴前端还装有一个甩油盘，在齿轮室盖上装有油封。 (　　)

5. 四缸发动机点火顺序可能为1–3–4–2或1–2–4–3。 (　　)

6. 曲轴轴向移动将会破坏曲柄连杆机构各零件之间的相对位置，因此曲轴必须采取轴向定位。 (　　)

7. 飞轮与曲轴之间应有严格不变的相对位置，通常用定位销和非对称布置的螺栓来定位。 (　　)

8. 扭转减振器的作用是吸收曲轴扭转振动的能量。 (　　)

9. 当飞轮上的标记与外壳上的标记对正时，活塞处于下止点位置。 (　　)

10. 曲轴裂纹多发生在曲柄臂与轴颈之间的过渡圆角处或油孔处。 (　　)

四、简答题

1. 简述曲轴的作用。

2. 简述曲轴扭转振动的原因及危害。

3．简述曲轴变形检测的方法。

4．简述飞轮齿圈的检修方法。

模块三　配气机构

课题1　配气机构概述

一、填空题

1．配气机构主要由________和________两部分组成。

2．气门组主要由______、________、__________、__________、__________及______等组成。

3．气门传动组主要由________、______、______、______等组成。

4．按气门位置不同，配气机构可分为____________和____________。

5．按凸轮轴位置不同，配气机构可分为______________、______________和______________。

二、选择题

1．在齿轮传动的配气机构中，为保证啮合平稳，噪声小，正时齿轮多采用(　　)。

A．直齿轮　　B．斜齿轮　　C．锥齿轮

2．(　　)配气机构应用较广。

A．气门顶置式　　B．气门侧置式　　C．凸轮轴下置式

3．(　　)配气机构的凸轮轴直接通过摇臂来驱动气门，省去了推杆、挺柱等，使往复运动质量减小，因此这种布置形式适用于高速发动机。

A．凸轮轴上置式　　B．凸轮轴中置式　　C．凸轮轴下置式

三、判断题

1．按曲轴和凸轮轴的传动方式不同，配气机构可以分为齿轮传动式、链传动式和同步齿形带传动式等。(　　)

2．链传动用于凸轮轴下置式配气机构。为使工作时链条有一定的张紧力而不至脱链，通常装有导链板、液压张紧装置等。(　　)

3．当气缸直径较大、活塞平均线速度较高时，为保证良好的换气质量，有些发动机采用每缸多气门的结构。(　　)

四、简答题

配气机构的作用是什么？

课题2 气门组的结构与检修

一、填空题

1. 气门组的作用是接通和切断________________与______之间的通道。

2. 气门头部用来______________________________，杆部则对____________________起导向作用。

3. 气门分为________和________两种。

4. 气门头部的形状有________、______和________。

5. 气门锥角一般为________或______。

6. 气门弹簧安装在气门杆部______，其一端支撑在________上，另一端则通过锁紧装置固定在______上。

7. 气门常见故障有______________________、____________________________、________________________________等。

8. 气门密封性的检查方法有____________、________________、__________、______________________________等。

9. 当气门座有裂纹、松动、烧蚀或磨损时，或经多次加工修理，装入新气门后，气门头部顶平面仍______气缸盖燃烧室平面__________以上时，应更换新的气门座。

10. 气门弹簧的常见失效形式有________________、___________、___________、______等。

二、选择题

1. 气门头部边缘应保持一定的厚度，一般为（　　）mm，以防止工作时由于气门与气门座之间的冲击而损坏或被高温气体烧蚀。

A. 0.5 ~ 1　　B. 1 ~ 3　　C. 3 ~ 5

2. 应用最为普遍的气门弹簧锁紧装置是（　　）。

A．锁销式锁紧装置　　B．锁环式锁紧装置　　C．锁片式锁紧装置

3．最简单的一种气门弹簧是（　　）。

A．变螺距气门弹簧　　B．锥形气门弹簧　　C．等螺距气门弹簧

4．用外径千分尺检测气门杆的直径，通常将测量值与气门杆尾端未磨损部分的直径值对比，若测量数值差超过（　　）mm，或用手触摸有明显的阶梯形时，应更换气门。

A．0.01　　B．0.05　　C．0.10

5．用（　　）检测气门杆端面磨损。

A．外径千分尺　　B．百分表　　C．游标卡尺

6．气门导管的常见故障是（　　）。

A．端面磨损　　B．扭曲变形　　C．内径磨损

7．用百分表检测气门杆的弯曲变形时，将百分表触头与气门杆中间接触，转动气门杆一周，百分表摆差的（　　）即为气门杆的直线度误差。

A．1/2　　B．1/3　　C．1/4

8．在弹簧检测仪上测量气门弹簧弹力，若弹簧弹力的减小值大于原厂规定的（　　）时，应予以更换。

A．5%　　B．10%　　C．15%

三、判断题

1．进气门由于工作温度稍低，一般采用普通合金钢；排气门普遍采用耐热合金钢。（　　）

2．气门头部为平顶时，其特点是结构简单，制造方便，受热面积小，质量小，进、排气门均可采用。（　　）

3．考虑到排气阻力对发动机性能的影响比进气阻力更大，因此一般都使排气门的直径比进气门稍大。（　　）

4．气门锥面是气门与气门座之间的配合面，气门的密封性就是依靠气门与气门座间的两个表面严密贴合来保证的。（　　）

5．气门杆部具有较高的加工精度和较低的表面粗糙度，与气门导管保持适当的配合间隙，以减小磨损和起到良好的导向、散热作用。（　　）

6．工作中气门弹簧承受着频繁的交变载荷，为保证气门弹簧可靠工作，要求其具有合适的弹力、足够的强度和抗疲劳能力。（　　）

7．气门座锥形工作面磨损变宽或产生沟槽、斑点、烧蚀或裂纹均会造成气门关闭不严。（　　）

8．气门座与气门的接触面宽度过大，则气门与气门座接触差、导热差，甚至漏气；宽度过小，则容易积炭，且气门关闭不严，使工作面烧蚀而漏气。（　　）

9．气门座铰削完毕，一般还要进行磨削。（　　）

10．气门和气门座经过修理后，一般不需要再进行密封性检查。（　　）

四、简答题

1．气门导管的作用是什么？

2．气门弹簧的作用是什么？

3．气门旋转机构的作用是什么？

4．如何用气门密封性检验仪检查气门的密封性？

课题3　气门传动组的结构与检修

一、填空题

1．凸轮轴主要由______和______组成。

2．凸轮的排列影响气门的开闭时刻和工作顺序，对于四行程发动机，曲轴每转______（凸轮轴转______），各缸都完成一个完整的工作循环。

3．为防止凸轮轴轴向窜动，影响配气机构正常工作，必须对凸轮轴进行轴向定位措施。常用的轴向定位装置有______________、__________、______________等。

4. 挺柱可以分为__________和__________两大类。

5. 凸轮的磨损会使气门的升程规律改变并使最大升程_____，因此凸轮的__________是检验凸轮磨损的主要依据。

二、选择题

1. 配气机构中最容易发生弯曲变形的零件是（　　）。

A. 推杆　　B. 挺柱　　C. 气门

2. 当凸轮最大升程减小值大于（　　）mm或凸轮表面累积磨损量超过（　　）mm时，则需更换凸轮轴。

A. 0.40　0.80　　B. 0.80　0.40　　C. 0.40　0.40

3. 凸轮轴轴颈的圆度误差不得大于（　　）mm。

A. 0.005　　B. 0.010　　C. 0.015

三、判断题

1. 凸轮轴一般采用优质钢模锻而成，也有的用合金铸铁或球墨铸铁铸造而成。凸轮与轴颈表面经过热处理，使之具有足够的硬度和耐磨性。（　　）

2. 凸轮的轮廓应保证气门开启和关闭的持续时间符合配气相位的要求，且使气门有适当的升程和运动规律。（　　）

3. 为了让气门的开启和关闭与曲轴的位置精确配合，凸轮轴必须根据曲轴的位置要求设定正时。（　　）

4. 双顶置凸轮轴的发动机采用一组正时齿轮，一个装在曲轴上，另外两个则装在凸轮轴上。（　　）

5. 机械挺柱消除了配气机构中的间隙，减小了各零件的冲击载荷和噪声，同时凸轮轮廓可设计得比较陡一些，气门开启和关闭更快，以减小进、排气阻力，还可改善发动机的换气，提高发动机的性能。（　　）

6. 摇臂的作用是将凸轮轴的上下摆动转变为摇臂的旋转运动，从而控制气门的开启机关闭。（　　）

四、简答题

1. 凸轮轴的作用是什么？

2．挺柱的作用是什么？

3．凸轮轴的磨损有哪些形式？这些磨损的危害是什么？

课题4　配气机构的工作原理

一、填空题

1．配气相位是______________________________________，通常用________表示。

2．从________时刻至________，活塞运动到________位置，这一过程所对应的曲轴转角称为进气提前角。

3．从活塞处于________位置延迟至________所对应的曲轴转角称为进气滞后角。

4．从________至活塞运动到________位置，这一过程所对应的曲轴转角称为排气提前角。

5．从活塞处于________位置到________所对应的曲轴转角称为排气滞后角。

二、选择题

1．四行程发动机每完成一个工作循环，曲轴旋转（　　）周，各缸进、排气门各开启一次，凸轮轴旋转（　　）周。

A．两　一　　　B．一　两　　　C．一　一

2．为了提高充气效率，气门在工作中均（　　）。

A．早开、晚关　　　B．晚开、早关　　　C．早开、早关

3．整个进气行程和排气行程的曲轴转角均（　　）180°。

A．小于　　　B．等于　　　C．大于

4．进气提前角用 α 表示，一般 α 为（　　）。

A．10°～30°　　B．20°～40°　　C．40°～80°

5．对于磨损比较严重的发动机用（　　）调整气门间隙比较精确。

A．逐缸调整法　　B．两次调整法　　C．以上方法均可

三、判断题

1．进气门早开可增大进气行程开始时气门的开启高度，减小进气阻力，增加进气量。（　　）

2．排气门早开，借助气缸内的高压自行排气，大大减小了排气阻力，使排气干净。（　　）

3．为消除发动机工作时因热膨胀导致的气门关闭不严的现象，在气门与气门座之间留有一定的间隙，此间隙称为气门间隙。（　　）

4．采用液压挺柱的配气机构不需要留气门间隙。（　　）

5．如果气门间隙过小，零件会因受热膨胀而伸长，造成气门关闭不严，发动机功率下降。此外，气门间隙过小还会造成气缸内的高温气体从缝隙中漏出，使气门工作温度过热，甚至烧坏。（　　）

四、简答题

1．简述配气机构的工作过程。

2．气门重叠角是什么？

课题5　可变气门正时系统

一、填空题

1．可变气门正时系统的分类有________________和________________、________________和________________。

2．可变气门正时技术的功能主要是改变发动机气门______和______的时间，以更合理地控制发动机转速所需的__________。

3．大部分可变正时系统都可以实现进气门正时在一定范围内________。

二、选择题

1．连续可变气门正时系统能够实现相位角连续变化，根据转速不同，可在（　　）线性调整配气相位。

A．0° ~ 30°　　B．10° ~ 30°　　C．20° ~ 30°

2．当发动机达到某一个设定的高转速，计算机即会指令电磁阀启动液压系统推动摇臂内的小活塞，使三根摇臂锁成一体，由高速凸轮驱动。由于高速凸轮的高度比其他凸轮高，因此进气门开启时间（　　），升程也相应（　　）。

A．缩短　减小　　B．延长　增大　　C．缩短　增大

三、判断题

1．连续可变气门正时系统更适合匹配各种转速，其能有效提高发动机的输出性能，特别是发动机的输出平顺性。（　　）

2．整个可变气门正时和升程电子控制系统由发动机主计算机（ECU）控制，ECU接收发动机传感器的参数并进行处理，输出相应的控制信号，通过电磁阀调节摇臂活塞液压系统，从而使发动机在不同的转速下由不同的凸轮控制，影响进气门的开度和时间。（　　）

四、简答题

1．可变气门正时系统的原理是什么？

2. 可变气门升程技术的作用是什么？

模块四　汽油机燃料供给系

课题❶　汽油机燃料供给系概述

一、填空题

1．空燃比 R 是可燃混合气中____________与____________的比值。

2．____________________是指燃烧过程中 1 kg 燃料____________的空气质量（kg）与 1 kg 燃料理论上完全燃烧所需要的______________之比。

3．可燃混合气的空燃比为________时，称为标准混合气。

二、选择题

1．空燃比 $R>14.7$ 时称为（　　）。

A．标准混合气　　B．稀混合气　　C．浓混合气

2．节气门开度在 25%～85% 时，发动机处于（　　）。

A．小负荷工况　　B．中负荷工况　　C．大负荷和全负荷工况

三、判断题

1．当可燃混合气过浓或过稀时，发动机将不能工作。（　　）

2．空燃比约为 16.7 时，发动机功率最大。（　　）

3．发动机的扭矩是随节气门开度变化而变化的，因此可以用节气门开度的大小来表示负荷的大小。（　　）

四、简答题

简述可燃混合气的形成。

课题2 汽油机燃料供给系的组成

一、填空题

1. 发动机电子控制燃油喷射系统由________________、________________、________________、排放控制系统、电控点火系统组成。

2. 发动机电控燃油喷射系统中的电子控制系统主要由__________、__________和__________组成。

3. 电控发动机的燃油供给系统主要由燃油箱、__________、______________、__________、压力调节器、喷油器及连接油管等组成。

4. 空气供给系统的作用是______和______发动机的进气量。

5. 根据测量发动机进气量的方式不同，空气供给系统分为________________和________________。

二、选择题

1.（ ）主要由电源、点火开关、控制开关、传感器、点火模块、火花塞等组成。

A．电控点火系统　　B．空气供给系统　　C．燃油供给系统

2. 汽车的电源包括（ ）和发电机。

A．控制单元　　B．传感器　　C．蓄电池

3. 电控点火系统控制单元包括中央电器控制单元、（ ）和网关。

A．执行器　　B．发动机控制单元　　C．传感器

4. 电控点火系统执行器包括点火驱动模块、点火线圈和（ ）等。

A．火花塞　　B．喷油器　　C．点火开关

5. 汽油机排放控制系统排放的污染物主要来自排气、燃油蒸发和（ ）。

A．活性炭罐　　B．曲轴箱窜气　　C．汽油箱

三、判断题

1. 电子控制系统的电控单元还具备有系统范围内的故障自诊断功能和后备控制（系统）功能。（ ）

2. 汽油机排放的污染物主要是 CO、HC、NO_x 等。（ ）

3. 进气歧管压力传感器用于测量发动机进气歧管内的绝对压力，位于节气门前方。（ ）

4．燃油蒸发控制系统的作用是阻止汽油箱内的汽油蒸气泄漏到大气中污染环境。（　　）

5．当汽油箱内的汽油蒸气压力高于外界压力时，空气经活性炭罐、蒸气管进入汽油箱，以平衡油箱压力。（　　）

四、简答题

1．燃油供给系统的作用是什么？

2．电控点火系统中的传感器都包括什么？

3．简述三元催化器的作用和结构。

4．简述废气再循环系统的工作原理。

课题3 汽油机燃料供给系辅助装置

一、填空题

1．汽油箱用于______汽油。汽车上配备油箱的容量一般能保证汽车行驶________km。

2．油箱盖设有__________和__________。

3．汽油滤清器用于除去汽油中的______、____________和______，保证汽油泵和喷油器正常工作。

二、选择题

1．汽油箱的外形和安装位置主要考虑全车的合理布置和安全性，一般不会放置在（　　）。

A．车身的后部　　B．车身的前部　　C．车架的左侧中部

2．在汽油进入油泵之前，一般采用（　　）进行第一道过滤，去除大颗粒杂质，保证油泵正常工作。

A．空气滤清器　　B．汽油滤清器　　C．金属滤网

3．按照滤清方式不同，空气滤清器可分为惯性式、（　　）、综合式三种类型。

A．过滤式　　B．整体式　　C．分离式

三、判断题

1．当油箱内蒸气过多，压力升高时，蒸气阀打开，汽油蒸气排出，进入大气。（　　）

2．汽油滤清器在结构上分为可拆式和不可拆式两种，多数汽车采用可拆式汽油滤清器。（　　）

3．空气滤清器的作用是在空气进入发动机前，清除其中的尘土和沙粒，以减少气缸、活塞、活塞环的磨损。（　　）

四、简答题

1．简述汽油滤清器的故障原因及更换周期。

2．简述汽车纸质干式空气滤清器的结构及作用。

模块五　柴油机燃料供给系

课题1　柴油机燃料供给系概述

一、填空题

1．燃料供给系的作用包括______、______、______柴油。

2．柴油机燃料供给系由__________________、__________________、__________________及_________________组成。

3．低压油路是指从油箱到喷油泵入口这一段油路，其油压由____________建立，压力值一般为____________kPa。

4．高压油路是指从喷油泵到喷油器这一段油路，其油压由____________建立，压力值一般在______MPa 以上。

5．柴油机可燃混合气形成时，混合与燃烧的时间很短，通常为____________s。

二、选择题

1．燃油供给装置的组成结构中不包括（　　）。

A．低压油管　　B．输油泵　　C．燃烧室

2．废气排出装置的组成结构中包括（　　）。

A．消声器　　B．喷油泵　　C．喷油器

3．预燃室式燃烧室的气缸盖上有预燃室，占燃烧室总容积的（　　）。

A．1/4　　B．1/3　　C．1/2

4．输油泵供油量是喷油泵出油量的（　　）倍。

A．1 ~ 2　　B．2 ~ 3　　C．3 ~ 4

5．柴油机可燃混合气的形成和燃烧都是直接在（　　）内进行的。

A．燃烧室　　B．油箱　　C．气缸

三、判断题

1．柴油机燃料供给系的作用是按柴油机各种不同工况的要求和发动机工作顺序，定时、定量并以一定的喷油压力将柴油喷入燃烧室。（　　）

2．柴油黏度小，易挥发，必须以蒸气状喷入燃烧室。（　　）

3．常见的燃烧室形状有 ω 形、球形。（　　）

4．分隔式燃烧室有涡流室式和预燃室式两种。（　　）

5．涡流室式燃烧室的副燃烧室是球形或圆柱形的涡流室，其容积占燃烧室总容积的 40%～70%。（　　）

四、简答题

1．简述球形燃烧室的特点。

2．简述涡流室式燃烧室的特点。

课题2　柴油机燃料供给系主要零部件构造与原理

一、填空题

1．车用柴油机大多数采用__________和______________两种。

2．孔式喷油器主要由__________、____________、________、____________、____________等组成。

3．轴针式喷油器喷油时，喷油柱将呈____________________。

4．喷油泵的结构形式很多，其中_____________性能好，使用可靠，为大多数汽车柴油机所使用。

5．供油量调节机构有两种类型，一种是________，另一种是____________。

二、选择题

1．孔式喷油器针阀上部的圆柱表面与针阀体相应的内圆柱面为高精度的滑动配合，配合间隙为（　　）mm。

A．0.001 ~ 0.004　　B．0.001 ~ 0.002　　C．0.003 ~ 0.004

2．泵油机构中，（　　）过程是指柱塞下行时，泵腔内的容积增大，产生真空，柴油被吸入泵腔内。

A．供油　　B．进油　　C．停油

3．柱塞由下止点移动到上止点所经过的距离称为柱塞行程，即喷油泵凸轮的（　　）。

A．最大升程　　B．最小升程　　C．有效升程

4．四行程柴油机喷油泵凸轮轴的转速是曲轴转速的一半，以实现在凸轮轴转一周向各气缸供油（　　）次。

A．1　　B．2　　C．3

5．下列不是汽车柴油机调速器按工作原理分类的是（　　）。

A．全速调速器　　B．气动调速器　　C．机械离心式调速器

三、判断题

1．孔式喷油器的喷油孔数目多、直径小，喷油压力高。（　　）

2．喷油器工作时，由喷油泵输送来的高压柴油，经油管接头进入喷油器，再经喷油器体上的进油孔进入针阀体中部的环形高压油腔。（　　）

3．轴针式喷油器的工作原理与孔式喷油器不同。（　　）

4．柱塞式喷油泵的泵油性能好，使用可靠，在汽车柴油机上应用广泛。（　　）

5．出油阀是一个调压阀，在弹簧压力作用下，阀上部圆锥面与阀座严密配合。（　　）

四、简答题

1．简述喷油器的作用。

2．简述喷油泵的功能。

课题3 柴油机燃料供给系辅助装置

一、填空题

1．输油泵输出的柴油量通常为发动机全负荷时所需要的最大喷油量的________倍。

2．输油泵的结构形式有__________、__________、__________和__________等。

3．发动机增压是将空气进行__________，然后再供入______。

4．柴油机尾气后处理系统能够降低________和__________的浓度，减少对环境的污染。

5．氨逃逸催化器被装在______________之后，通过催化氧化反应降低选择性催化还原系统后端泄漏的______。

二、选择题

1．喷油泵凸轮轴转动时，轴上的偏心轮推动滚轮、挺柱、推杆和活塞（　　）运动。

A．向上　　B．向下　　C．旋转

2．柴油从进油口进入柴油滤清器，经过滤芯过滤后，从出油管接头输出给（　　）。

A．输油泵　　B．喷油泵　　C．喷油器

3．下列不是柴油滤清器滤芯材料的是（　　）。

A．滤纸　　B．金属　　C．毛毡

4．废气涡轮增压器的工作转速较高，增压后的气体温度会升高（　　）℃。

A．10 ~ 30　　B．30 ~ 40　　C．40 ~ 60

5．预热塞一般安装在（　　）上。

A．排气道　　B．油道　　C．进气道

三、判断题

1．活塞式输油泵由泵体、机械油泵总成、手油泵总成、止回阀和进出油管等组成。它安装在喷油泵的一侧，由喷油泵凸轮轴上的偏心轮驱动。（　　）

2．氧化型催化器是通过氧化反应，将发动机尾气中的一氧化碳和碳氢化合物转化成无害的水和二氧化碳的装置，其结构与三元催化器不同。（　　）

3．柴油滤清器通常由滤清器盖、壳体和滤芯等组成。（　　）

4．废气涡轮增压器一般由压气机、涡轮机和中间壳三部分组成。（　　）

5．预热塞出现故障后可进行拆卸检修。（　　）

四、简答题

1．简述柴油滤清器的工作原理。

2．简述预热塞的工作原理。

课题4　柴油机电子控制燃油喷射系统

一、填空题

1．柴油机电子控制燃油喷射系统由__________、__________和__________三部分组成。

2．柴油机电控燃油喷射系统中的位置类传感器主要有__________、__________、__________等。

3．柴油机电控燃油喷射系统中的温度类传感器主要有__________、__________、__________、__________等。

4．柴油机电控燃油喷射系统中的压力类传感器主要有__________、__________、__________、__________等。

5．柴油机电控燃油喷射技术有两个明显特点，一是柴油喷射电控________复杂，二是柴油电控燃油喷射系统________________。

二、选择题

1．柴油机电控燃油喷射系统的喷油压力高达（　　）MPa。

A．100　　B．200　　C．300

2．柴油机电控燃油喷射系统需要对油量、正时、喷油压力等多个参数进行综合控制，其软件的开发难度（　　）汽油机。

A．大于　　B．小于　　C．等于

3．柴油机电控燃油喷射系统的控制内容不包括（　　）。

A．燃油喷射控制　　B．增压控制　　C．流量控制

4．高压共轨式电控燃油喷射系统中低压油路的零部件包括（　　）。

A．燃油粗滤器　　B．压力调节阀　　C．共轨压力传感器

三、判断题

1．柴油机电控燃油喷射系统的增压控制主要包括废气旁通控制和涡流通流面积控制。（　　）

2．柴油机的电控燃油喷射系统只控制空燃比。（　　）

3．共轨式电控燃油喷射技术通过共轨直接或间接地形成恒定的高压燃油。（　　）

4．输油泵将燃油从油箱中抽出，经燃油粗滤器过滤后，不断地向高压油泵输送定量的燃油。（　　）

5．高压油泵的主要作用是供给柴油机足够的高压柴油，同时保证柴油机迅速启动所需的额外的供油量和压力要求。（　　）

四、简答题

1．简述高压共轨式电控燃油喷射技术的特点。

2. 简述高压共轨式电控燃油喷射系统的组成。

模块六　润滑系

课题1　润滑系概述

一、填空题

1．根据发动机中各运动副工作条件的不同，发动机一般采用______润滑、______润滑和____________润滑三种润滑方式。

2．发动机润滑系一般由__________、__________、________________、________________、各种电磁阀、传感器和机油压力指示器等组成。

3．润滑油的过滤方式有________________和________________。

二、选择题

水泵及发电机轴承采用（　　）润滑。

A．润滑油　　　　B．润滑脂　　　　C．飞溅

三、判断题

1．曲轴主轴承、连杆轴承及凸轮轴轴承等处承受的载荷及相对运动速度较大，需要用压力润滑。（　　）

2．利用发动机工作时运动零件飞溅的油滴或油雾来润滑摩擦表面的润滑方式称为飞溅润滑 。（　　）

3．配气机构的凸轮表面、挺柱等处的润滑方式为压力润滑。（　　）

四、简答题

1．润滑系的作用是什么？

2．简述全流过滤式过滤润滑油的工作原理。

课题2 润滑系的主要零部件及其检修

一、填空题

1．汽车上常用的机油泵有__________机油泵和__________机油泵。

2．齿轮式机油泵分为__________________机油泵和__________________机油泵。

3．转子式机油泵由________、__________、__________、__________、泵盖、限压阀等组成。

4．机油滤清器分为____________、____________、____________。

5．机油散热器由__________、__________、______、进出水管等组成。

二、选择题

1．机油散热器一般安装在冷却液散热器的（　　），与主油道并联。

A．前面　　B．后面　　C．中间

2．下列（　　）为机油泵泄漏时的检测项目。

A．泵盖与转子端面间的间隙

B．泵体和泵盖接合面的平面度

C．内、外转子间的间隙

3．（　　）是用来检查油底壳内油量和油面高度的。

A．限压阀　　B．机油滤清器　　C．油尺

4．当润滑油的工作压力不足时，往往要对（　　）的磨损情况进行检查。

A．油底壳　　B．机油泵　　C．机油散热器

三、判断题

1．机油集滤器一般安装在机油泵之后。（　　）

2．机油粗滤器用于滤去润滑油中颗粒较大的杂质，一般并联在机油泵与主油道之间。（　　）

3. 机油细滤器主要用于清除润滑油中的细小杂质，与主油道并联安装，只有少量的润滑油通过它滤清后又回到油底壳。（ ）

4. 机油冷却器置于冷却水路中，其利用冷却液的温度来控制润滑油的温度。（ ）

5. 限压阀的作用是保证润滑系内油路畅通。（ ）

四、简答题

1. 简述内啮合齿轮泵的工作原理。

2. 简述润滑油液位的检查方法。

3. 简述更换发动机润滑油的步骤。

课题3 曲轴箱通风装置

一、填空题

1. 根据通风方式不同，曲轴箱通风装置可分为________装置和________装置。

2. 流量控制阀是一个______阀，可以调节发动机怠速、中小负荷和大负荷时的________。

二、选择题

1. 柴油机多采用曲轴箱（　　）通风方式。

   A．自然　　B．强制　　C．以上都可以

2. 汽油机一般采用曲轴箱（　　）通风方式。

   A．自然　　B．强制　　C．以上都可以

三、简答题

简述曲轴箱通风装置的作用。

模块七 冷却系

课题1 冷却系概述

一、填空题

1. 按冷却方式不同，冷却系可分为______系和______系两种。

2. 水冷系主要由__________、_______、_________、______（在气缸盖或气缸体上制出的夹层空间）、__________、水管、水温表和传感器等组成。

3. 冷却液在冷却系内的循环流动路线有三条，即_____________、____________和__________。

4. 当冷却液温度低于____℃时，冷却液进行小循环。

5. 水冷系的小循环是冷却液经水泵、气缸盖水套、节温器后不经散热器，直接由____________压入气缸盖水套的循环，其水流线路____，散热强度____。

二、选择题

1. 当冷却液温度升高到84～94 ℃时，水冷系进行（　　）循环。

A．大　　B．混合　　C．小

2. 水冷系进行小循环时，节温器主阀门（　　），副阀门（　　）。

A．打开　关闭

B．打开　打开

C．关闭　打开

3. 水冷系进行大循环时，节温器主阀门（　　），副阀门（　　）。

A．全关闭　全打开

B．全关闭　全关闭

C．全打开　全关闭

三、判断题

1. 发动机冷却必须适度，过热或过冷都会给发动机带来危害。因此，既要防止夏季发动机过热，又要防止冬季发动机过冷。（　　）

2. 冷却系进行小循环时不经过散热器。（　　）

3．现代汽车冷却系一般都采用风冷系。（　　）

四、简答题

1．简述水冷系的工作原理。

2．简述冷却系大循环的条件及循环路线。

课题2　冷却系的主要零部件及其检修

一、填空题

1．散热器由__________、__________、____________、______等组成。

2．为减少冷却液的损失，保证冷却系的正常工作，汽车发动机采用散热器+________________结构。

3．电动风扇由____________、_________和_________组成，其由__________驱动，并由__________供电。

4．节温器按控制方式分为______节温器和______节温器。

二、选择题

1．蒸汽阀阀门一般在散热器内压力达到（　　）kPa 时开启，部分水蒸气经溢流管排入大气，避免损坏散热器。

A．20 ~ 26　　B．26 ~ 37　　C．38 ~ 45

2. 控制冷却液流量和循环线路的是（　　）。

A. 膨胀水箱　　B. 水泵　　C. 节温器

3. 膨胀水箱的作用是（　　）。

A. 过滤冷却液　　B. 使冷却液降温　　C. 减少冷却液的损失

三、判断题

1. 散热器盖安装在加水管上。（　　）
2. 风扇一般安装在散热器后面。（　　）
3. 水泵外壳固定在发动机机体上，由曲轴通过 V 带驱动。（　　）
4. 水泵的作用是对冷却液加压。（　　）
5. 散热器只用清水清洗即可。（　　）
6. 水泵叶轮破裂，应换用新件。（　　）

四、简答题

1. 简述离心式水泵的工作原理。

2. 简述电子节温器的工作原理。

3. 简述节温器的检修过程。

模块八　发动机总成装配与试验

课题1　发动机总成装配

一、填空题

1．发动机的装配过程应在__________或__________进行，装配过程中应具备良好的______环境并保持较为稳定的__________。

2．发动机在装配过程中，应做到______不落地，__________不落地和______不落地，并保持__________的清洁。

3．装配中，要确保各密封部位的密封，防止______、______、______，重要密封部位应涂上__________。

二、选择题

1．装配前应彻底清洗气缸体和曲轴，油道必须清除油堵并用（　　）冲洗干净，最后用压缩空气吹干，以保证油道的畅通、清洁。

A．清水　　B．汽油　　C．润滑油

2．清洗完毕，应在气缸体和曲轴的表面涂上一层（　　），防止锈蚀。

A．柴油　　B．润滑油　　C．汽油

3．固定螺栓、螺母应用规定力矩拧紧，螺母拧紧后，螺栓螺纹露出螺母的部分不应少于（　　）牙。

A．一　　B．两　　C．三

三、判断题

1．安装油封时，应在唇口和外圈涂抹润滑油后，再用压具压入。（　　）

2．装配过程中，可以直接用锤子锤击机体和零件表面。（　　）

3．对于组合加工件、重要配合副、正时传动件和调整垫片等，应按规定的位置和方向（标记）装配，不可错乱，以免破坏其相互位置关系。（　　）

4．运动件摩擦表面和重要的螺栓、螺母在装配前应涂上一层干净的润滑油，以便在运转初期润滑摩擦表面。（　　）

四、简答题

安装气缸盖衬垫时应注意什么？

课题❷ 发动机竣工验收

一、填空题

1．冷车启动发动机，要求在环境温度大于或等于____℃时能顺利启动，允许连续启动不超过____次，每次启动时间超过____s。

2．检查各气缸压力差时，用转速表、气缸压力表测量，汽油机各缸压力不大于各缸平均压力的______，柴油机各缸压力不大于各缸平均压力的______。

3．检视发动机“四漏”情况时，要求发动机应无______、______、______、______现象。

4．检查发动机燃料消耗率时，用油耗计、测功机按有关规定测量，要求发动机最低燃料消耗__________原设计要求。

5．影响气缸密封性的因素有__________________、____________________________以及______________等。

二、选择题

1．热车启动时，要求在发动机正常工作温度下，（　　）s 内能启动。

A．5　　B．10　　C．15

2．检查发动机怠速工况时，用转速表进行运转试验或用发动机综合测试仪测量，要求发动机怠速运转稳定，转速符合原设计规定，转速波动小于或等于（　　）r/min。

A．10　　B．30　　C．50

3．检查发动机进气歧管真空度时，用转速表、真空度检测仪测量，要求汽车发动机怠速时，进气歧管真空度应为（　　）kPa。

A．57 ~ 70　　B．70 ~ 90　　C．230 ~ 270

4．检查发动机功率和转矩时，将发动机运转到正常工作温度，用发动机综合测试仪进行测量，要求发动机最大功率、最大转矩不大于原设计值的（　　）。

A．90%　　B．80%　　C．60%

5．测量气缸压力时，测量2～3次，气缸压力读数时高时低，相差较大，说明(　　)。

A．气缸垫漏气　　B．气门关闭不严　　C．气缸盖螺栓未拧紧

三、判断题

1．用检视的方法检验发动机装备状况，要求装备齐全、有效，各零部件及附件应符合规定的技术条件。(　　)

2．要求发动机在正常工况下运转时，不得有异常响声。(　　)

3．测量气缸压力时，相邻两缸压力读数偏低，而其他气缸正常，是由于相邻两缸间气缸垫漏气或气缸盖螺栓未拧紧所致。(　　)

4．要求发动机外表应按规定涂漆或银粉，涂层要均匀，不得有漏涂现象。(　　)

5．测量气缸压缩行程结束时的压力，可直接判断气缸的密封性。(　　)

四、简答题

1．如何用气缸压力表检测发动机气缸密封性？

2．测量气缸压力时，发现相邻两缸压力读数偏低，而其他气缸正常，造成该现象的原因是什么？

责任编辑◎马润楠
责任校对◎孙艳萍
薛宝丽
责任设计◎郭　艳

天猫旗舰店

中国人力资源和社会保障出版集团

ISBN 978-7-5167-6479-4
9 787516 764794 >
定价：6.00 元

全国中等职业学校电工类专业通用

全国技工院校电工类专业通用（中级技能层级）

电气控制线路与PLC

习题册

中国劳动社会保障出版社